CORRESPONDANCE

ENTRE

LE GÉNÉRAL JOMINI

ET

LE GÉNÉRAL SARRAZIN,

SUR LA CAMPAGNE DE 1813;

SUIVIE

D'OBSERVATIONS

Sur la probabilité d'une Guerre avec la Prusse, et sur les
Opérations qui auront vraisemblablement lieu ;

ET DE L'EXTRAIT D'UNE BROCHURE INTITULÉE :

MÉMOIRES SUR LA CAMPAGNE DE 1813.

PAR LE GÉNÉRAL JOMINI.

A PARIS,

Chez MAGIMEL, ANSELIN et POCHARD, Libraires
pour l'Art militaire, rue Dauphine, n.º 9.

1817.

CORRESPONDANCE

ENTRE

LE GÉNÉRAL JOMINI

ET

LE GÉNÉRAL SARRAZIN,

SUR LA CAMPAGNE DE 1813.

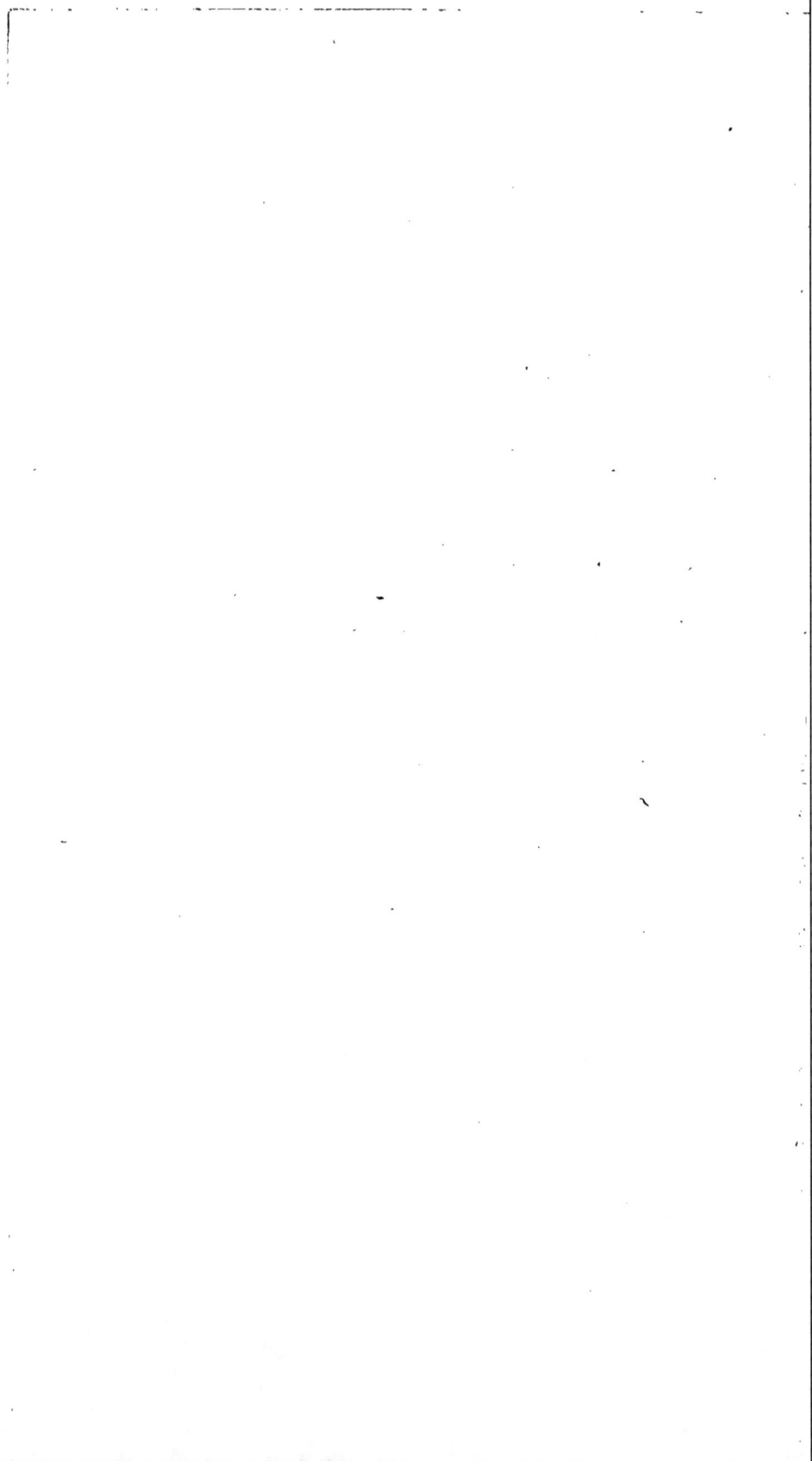

CORRESPONDANCE

ENTRE

LE GÉNÉRAL JOMINI

ET

LE GÉNERAL SARRAZIN.

———

Le général Sarrazin s'est permis des imputations injurieuses, contre moi, comme contre les Généraux les plus recommandables. Le refus qu'il a fait de m'en donner satisfaction me met dans l'obligation de publier notre correspondance. Je suis honteux d'être forcé de parler de moi, et de rappeler des choses sur lesquelles je m'étais imposé un silence absolu ; mais l'attaque était publique, et ma défense devait l'être aussi. Mes lecteurs ne me refuseront pas un peu d'indulgence : je n'avance rien qui ne soit de la plus stricte vérité.

Lieutenant-Général Jomini,

*Aide-de-camp général de S. M. l'Empereur
de Russie.*

Paris, le 14 octobre 1815.

1.

Au Général Sarrazin.

Monsieur le Général,

Vous vous êtes permis , dans votre *Histoire de la Campagne de* 1813, d'inculper d'une manière odieuse un homme que vous ne connaissiez pas. Vous avez supposé que j'avais fourni au maréchal Blücher des plans qui pouvaient compromettre l'armée que je venais de quitter. Je ne perdrai pas mon temps à vous faire des phrases , et je répondrai laconiquement :

1° Que vous avez trompé le public, puisque de ma vie je n'ai eu de communications avec le général Blücher, ni avec aucun de ses officiers, et que je n'ai jamais fourni ni plans , ni renseignemens , à qui que ce soit.

2° Qu'en ma qualité d'*étranger* , et ayant donné plusieurs fois ma démission, j'étais libre de vouer mon bras et ma personne au Souverain dont les vertus faisaient l'admiration de toute l'Europe; et que j'ai usé de ce droit d'une manière violente , parce qu'on m'y a forcé. Si j'avais commencé mes services près de l'empereur Alexandre en compromettant lâchement les camarades que je venais de quitter, c'eût été un bien mauvais titre à sa confiance; et Sa

Majesté ne m'aurait pas honoré trois mois après, en me nommant son Aide-de-camp général.

3° Que loin de gagner comme vous soixante mille livres sterlings à faire des plans contre ma patrie (1), je puis prouver n'en avoir jamais fourni de contraires à mes devoirs envers un pays qui n'est pas le mien.

4° Enfin, Monsieur le Général, votre assertion est tellement fausse, que le 13 août je pressais encore M. le maréchal Ney de couvrir ses camps, en portant sa cavalerie légère sur le territoire neutre, sauf à s'arrêter, jusqu'à la rupture, au point où l'on trouverait les vedettes ennemies; et que le 14 août, jour de mon départ, je rencontrai déja toute l'armée alliée en mouvement de Strigau sur Jauer. M. le comte Langeron et M. le colonel Brosin sont témoins de la peine que j'éprouvai en apprenant ce mouvement offensif, par la crainte qu'on ne m'en attribuât la cause; cependant j'y mis tant de délicatesse, que je me gardai bien de dire à ces messieurs à quel point le corps d'armée était à découvert (ayant cent pièces de canon dételées, et les chevaux d'artillerie cantonnés à dix lieues en arrière). Plusieurs témoins prou-

(1) Le général Sarrazin s'est publiquement vanté de l'avoir fait.

veront aussi que je combattis cet excès de sé-
curité, qui fait d'ailleurs honneur aux sentiments du maréchal Ney.

Vous voyez, Monsieur le Général, avec quelle
légèreté vous m'avez inculpé, et j'aime à croire
que vous ne vous ferez point tirer l'oreille pour
rectifier votre assertion. Il est du devoir d'un
homme d'honneur de réparer des torts de cette
espèce, lorsqu'il a été assez inconséquent pour
en avoir. L'historien critique doit se borner à
examiner les combinaisons; mais il ne doit pas
attaquer le caractère d'hommes qu'il n'a jamais
connus, et qu'il ne peut apprécier.

Un mot de vous dans un journal suffira pour
réparer ces torts; et il est toujours naturel de
convenir qu'on a été mal informé. J'espère
aussi, Monsieur le Général, que vous voudrez
bien faire faire, par votre imprimeur, un carton
de cette page, et y supprimer le passage qui
m'inculpe. . . . .
Je desire que votre réponse me mette dans
le cas de rendre justice à mon tour à la droi-
ture de vos sentiments, et qu'elle termine à
l'amiable un démêlé aussi pénible pour tous
deux.

J'ai l'honneur de vous saluer.

J.....

Au Lieutenant-Général Jomini, *Aide-de-camp
général de S. M. l'Empereur de Russie.*

Tous mes instants étant absorbés, Monsieur
le Général, par les soins qu'exige mon *Histoire
sur la guerre de la restauration*, et tout en ap-
préciant le contenu de votre lettre, à laquelle
je répondrai plus en détail en temps opportun,
je me borne à vous dire qu'il n'est nullement
question dans mon ouvrage que vous *ayez* fourni
des *plans* au général Blücher. Il fallait motiver
le mouvement rétrograde de l'armée du maréchal Ney, et vous-même, qui êtes tacticien,
sentez la convenance et l'à-propos de mon raisonnement, qui se fonde sur les *renseignements*
que vous aviez été *dans le cas* de donner aux
alliés. . . . .
. . . .
. . . .

Vous le savez aussi-bien que moi, qu'il y a une
grande différence entre *plans* et *renseignements*
et *fournir* ou *avoir dû fournir*. Quoique les pa-
piers anglais aient donné à cet égard des détails
contraires à ceux contenus dans votre lettre,
je ne me suis permis d'en faire aucun usage,
sachant combien il faut être circonspect quand
on parle d'un homme public. Il n'en est pas de
même des productions littéraires dont la cri-

tique provoque la perfection. Je m'étais rendu chez vous hier pour vous donner cette explication de vive voix, bien persuadé que vous rendrez justice à la pureté de mes intentions.

J'ai l'honneur de vous saluer avec la plus parfaite considération.

Le Maréchal de camp
SARRAZIN.

Paris, le 4 octobre 1815.

P. S. Je vous autorise à faire de ma lettre l'usage qui vous paraîtra le plus convenable, les journaux étant à vos ordres, tandis qu'ils refusent d'annoncer mes ouvrages, parce que je ne sais pas faire ma cour aux rédacteurs.

Au Général SARRAZIN.

MONSIEUR LE GÉNÉRAL,

Si vous êtes militaire, vous devez juger que votre lettre ne peut point me satisfaire.

Après le départ de la mienne, j'ai encore lu une nouvelle inculpation au sujet de l'affaire de Dresde.

Vous n'avez pas été mieux informé que dans vos premières suppositions.

Il existe deux seuls moyens de réparer vos torts : le premier, c'est de m'écrire, « que sur « les explications que je vous ai transmises,

« vous reconnaissez avoir été mal informé, en
« supposant que j'avais pu fournir des rensei-
« gnements au maréchal Blücher ; et que vous
« avez été de même induit en erreur sur la part
« que j'ai prise à l'affaire de Dresde. »

Vous pouvez rejeter la faute sur les maté-
riaux avec lesquels vous avez travaillé.

Le second moyen est de faire rectifier ces
deux passages en ordonnant d'imprimer des
cartons.

Alors seulement je pourrai croire à la droi-
ture de vos intentions et me conduire en con-
séquence.

J'ai l'honneur de vous saluer.

Le Lieutenant-Général JOMINI.

P. S. Je vous avais écrit une grande épître
expliquant la part que j'ai prise aux dernières
campagnes : j'attends votre réponse avant de
donner le jour à une pièce semblable. Il est pénible d'entretenir le public de soi en pareilles
occasions, et pénible de répondre à des injures
par des phrases. Vous ne trouveriez pas votre
compte à cette publication ; rappelez-vous que
j'ai été à la source de ces grands événements, et
que j'ai des documents pour prouver à l'Europe entière à quel point vous avez dénaturé
les faits, du fond paisible de votre cabinet.

Le général Sarrazin ayant répondu à cette lettre d'une manière aussi vague qu'à la précédente, je lui écrivis ce qui suit :

MONSIEUR LE GÉNÉRAL,

Depuis le départ de ma précédente lettre, j'ai lu les passages de votre Histoire où vous attaquez directement ma réputation, et où vous semblez m'imputer le non succès des affaires de Dresde.

C'est aux militaires instruits à juger mes ouvrages, et à décider si mes chapitres sur les lignes d'opérations, au tome II; le chapitre des principes qui termine le tome IV; enfin si les V et VIe volumes qui traitent des premières campagnes de la révolution, ne sont que des compilations de la guerre de sept ans, comme il vous plaît de les nommer. Mais je ne vous laisserai pas, Monsieur, le droit de tromper vos contemporains; je me dois à moi-même, je dois aux militaires de toutes les nations, de mettre mon premier soin à dévoiler l'ignorance et la présomption avec lesquelles vous attaquez des Généraux que vous n'avez jamais connus, et dont vous ne pouvez apprécier ni les services, ni le caractère, ni les actions.

Je n'ai aucune prétention à être jugé favorablement par un homme qui ne juge rien de bon dans le monde que lui et les plans qu'il a fournis contre son pays ; je vous laisserais donc disputer à loisir avec MM. de P . . . . . et C . . . . . . qui de vous trois a été assez habile pour renverser Napoléon, si vous ne vous étiez pas permis de m'offenser publiquement. Mais on n'attaquera point impunément ma conduite comme militaire, tandis qu'il existe cent témoins honorables des services que j'ai rendus dans les occasions les plus importantes.

L'état-major du maréchal Ney peut certifier la part que j'ai prise aux combinaisons qui valurent les brillants résultats d'Ulm. Si ce Maréchal se couvrit de gloire à Elchingen, il n'oubliera pas les éloges qu'il me donna lui-même pour les dispositions des 19 et 21 vendémiaire, qui contribuèrent si puissamment à rectifier des opérations mal conçues par un lieutenant de l'Empereur, et qui empêchèrent Mack de filer par Dillingen et Donnawerth sur la Bohême, au moment où l'on s'opiniâtrait à le chercher sur l'Iller.

La brochure ci-jointe (n° 1), rédigée un mois avant la guerre de Prusse, vous prouvera si j'ai bien jugé les opérations de cette campa-

gne (1), et mes camarades savent si je fis mon
devoir sur le champ de bataille d'Iéna.

Mais, Monsieur le Général, je revendiquerai
un titre plus puissant encore aux suffrages et à
la bonne opinion des militaires et des hommes
d'état éclairés; ce titre qui méritera un jour
l'éloge des bons Français, est un mémoire que
je remis à Napoléon, à Berlin, en 1806, et dont
M. Menneval, ou le général Bertrand pourraient attester l'existence, en attendant que le
temps soit venu de le rendre public.

*Malgré la haine prononcée que je connaissais
à Napoléon pour les* factums *et pour les projets,
j'eus assez de courage pour oser lui déconseiller
une guerre en Pologne, surtout pendant l'hiver.
J'osai lui prédire « qu'il donnerait par ce moyen
« à la politique des Cabinets russe, autrichien et
« prussien, le seul point de réunion qui pût exis-
« ter entre eux ; qu'il exposait le salut de son
« armée pour un projet dont l'exécution parais-
« sait soumise à des obstacles insurmontables,
« pour peu que l'Autriche se déclarât* (2). *Enfin*

---

(1) Ce Mémoire fut donné au général Clarke, et à tout
l'état-major du maréchal Ney, avant la guerre ; ainsi, ce
n'est point un raisonnement après coup.

(2) Napoléon réussit dans cette folle guerre, malgré mes

« *je lui prédis que si même il réussissait, il au-*
« *rait des alliés faibles au-delà de la Vistule, et*
« *des ennemis jurés entre la Vistule et le Rhin ;*
« *qu'un tel édifice était un édifice sans bases, et*
« *qu'il léguerait après lui à la France des guerres*
« *éternelles et lointaines où l'élite de la nation*
« *périrait sans pouvoir se maintenir.* » Ce mémoire, qui fut de ma part un acte de véritable
dévouement pour une brave armée, fut la première cause de la haine que Napoléon me porta
dès-lors.

Je ne ferai pas l'énumération des services
que j'ai rendus en Espagne. L'état-major du
maréchal Ney certifiera cependant que si on
m'avait écouté à Arévalo et à Tordésillas, nous
aurions prévenu Moore à Bénavente, par Toro
ou Vilalpando, au lieu d'aller courir sur Médina-
de-Rio-Secco et Aguila-del-Campo, dans une
direction opposée à nos intérêts. Le général
Clarke se rappellera d'ailleurs tout ce que j'ai
écrit de vrai et de courageux contre cette guerre
odieuse.

---

prédictions ; mais à quoi cela tint-il ? Ne devait-on pas
s'attendre que l'Autriche, humiliée à Presbourg, s'en ven-
gerait ? N'aurions-nous pas eu sur l'Oder ou la Vistule le
même sort qu'à la Bérésina, si on avait jugé notre position
après Pultusk et Eylau.

Je ne pris aucune part active à la guerre de 1812. Je restai Gouverneur de Province, et je le devais au Monarque généreux, qui déjà en 1810 m'avait reçu à son service, lorsque les persécutions que j'essuyais alors me décidèrent à donner ma démission.

Je vous envoie ci-joint un exemplaire d'une petite brochure (n° 2) qui vous donnera quelques éclaircissements sur cette époque. Je ne prends pas la peine d'entrer dans tous ces détails pour vous, Monsieur, mais parce que ma réponse à vos diatribes doit être publique, comme elles. Vous verrez que rien ne m'eût empêché de quitter l'armée dans l'épouvantable retraite de 1812, puisque les services que j'avais offerts en 1810 (me trouvant alors en Suisse) avaient été agréés en Russie. Je dus à mes anciens camarades de partager leur mauvaise fortune, et je le fis.

Le prince Eugène pourrait certifier si à Orscha je ne fus qu'un compilateur, et si la résolution de passer la Bérésina à Jembin, par le centre, ne fut pas le résultat du conseil où Napoléon m'appela.

Cependant, l'armée française avait reçu une atteinte mortelle, par la fuite de Moscou; il était du devoir de tous ceux qui la composaient de faire un effort pour laver cet affront et mettre le gouvernement en attitude de faire une paix honorable ; malgré une maladie grave, fruit des fatigues de la retraite, je me remis sur les rangs ; et le dernier service que je rendis à la France, fut à Bautzen. Quoiqu'il ait été payé de la plus noire ingratitude, je crois pouvoir encore le citer comme un des plus importants, sous les rapports militaires.

Le maréchal Ney commandait cinq corps d'armée (le sien, ceux de Lauriston, de Reynier, de Bellune, et la cavalerie de Sébastiani) ; il reçut à Luckau l'ordre de marcher sur Berlin, avec quatre de ces corps, tandis que Napoléon restait avec quarante mille hommes à Bautzen, devant toute la masse des forces ennemies. En jugeant sur de bons principes de guerre, il n'était pas difficile de calculer, que si Napoléon voulait exécuter ce mouvement, il serait perdu, et qu'ensuite nous nous trouverions fort compromis dans une opération lointaine. Si au contraire on ne voulait faire qu'une marche simulée pour tromper l'ennemi et l'engager à un faux mouvement, ou à diviser ses forces, je trouvai qu'on s'exposait à trop de chances pour un résultat fort incertain : en effet, il me parut que les Généraux russes manœuvraient trop bien depuis 1812, pour se morceler ainsi, au moment où ils pouvaient profiter de la réunion de leurs forces, afin d'écraser ce qui se trouvait devant eux.

Je sollicitai donc le Maréchal, au lieu d'aller courir sur une direction excentrique, de se rabattre vivement par Kalau et Hoyerswerda sur Bautzen, pour y accabler l'ennemi; lui faisant observer qu'après une grande bataille gagnée, on irait alors à Berlin, sans aucun obstacle et sans aucun danger.

Le Maréchal était trop militaire pour ne pas juger de même; mais indépendamment des règles de la discipline, on n'aimait pas désobéir à un ordre de Napoléon.

Cependant je préparai les dispositions du mouvement sur Berlin, et au lieu de les signer suivant l'usage, comme Chef de l'état-major-général, je les rédigeai comme devant être signées par le Maréchal lui-même, déclarant que j'étais trop sûr de faire une faute qui compromettrait le sort de l'armée, pour ne pas persister dans mes objections.

Le Maréchal prit alors sur lui de ne point suivre les ordres, et de se rabattre avec ses quatre corps d'armée sur Bautzen: on sait assez si ce fût cette résolution qui décida le succès de la journée : je laisse aux militaires qui savent la guerre, à juger si de tels services sont ceux d'un pauvre compilateur. Il est vrai qu'en ar-

rivant à Hoyerswerda, le 19 mai, nous trou-
vâmes un agent de Napoléon, avec une dépêche
chiffrée qui nous prescrivait le même mouvement que nous exécutions déja depuis quarante-
huit heures ; néanmoins si nous eussions obéi
le 17, nous nous serions trouvés aux portes de
Berlin, à six marches au moins du champ de
bataille ; l'agent et la lettre nous seraient par-
venus le 21 ou le 22, et Napoléon eût été acca-
blé à soixante lieues de nous, par des forces
doubles des siennes. Dans la bataille même,
tout l'état-major du maréchal Ney, ainsi que les
généraux Souham et Delmas, savent ce que je
fis. Nous donnâmes d'abord direction à nos
troupes par Baruth et Belgern sur Wurschen:
Napoléon, par un billet au crayon, nous fit rabattre sur Preititz, ce qui engagea le maréchal
Ney à se rejeter trop à droite, et nous empê-
cha de tirer tout le parti de notre victoire, qui
ne fut qu'un déplacement de forces sans utilité ;
cependant c'était beaucoup de n'avoir pas été
battus, et la paix aurait dû être le résultat de
cette journée, si l'amour-propre de Napoléon
ne l'avait pas emporté sur les intérêts de la
nation française, pour lesquels il n'a jamais
rien sacrifié.

La brochure mentionnée ci-dessus vous ap-
prendra quel fut le prix de ces services.

Quant à l'affaire de Dresde, vous en avez fait un narré qui ressemble plus à un roman qu'à une relation militaire.

Il est aussi faux que Moreau ait eu le moindre commandement, et ait décidé des opérations, qu'il est faux que ce soit aux plans des Anglais que les Russes soient redevables de leur délivrance : ils la durent toute entière au grand caractère de leur souverain, à la bravoure de leur armée, à l'énergie nationale, et à plusieurs bonnes manœuvres de leurs généraux. Revenons à l'affaire de Dresde : Moreau, dis-je, n'y commandait pas plus que moi; d'après les traités d'alliance, c'était le prince de Schwartzemberg qui devait commander en chef la grande armée; c'était donc l'état-major autrichien qui, dans le principe, préparait toutes les dispositions; et l'influence de l'empereur Alexandre ou des généraux qui avaient sa confiance, se borna à lutter contre ce qui était contraire aux règles de la guerre, et à modifier, autant que possible, le travail primitif. Je ne parus qu'un instant à cet état-major du prince de Schwartzemberg, et je dois me taire sur les motifs qui me l'ont fait quitter presque aussitôt. La franchise un peu trop âpre de mon caractère s'accordait mal avec le double rôle que j'y aurais dû jouer.

En arrivant devant Dresde, le 25 août, à dix heures du matin, et en voyant deux divisions entières sorties et formées devant les ouvrages sur deux points différents, je proposai, il est vrai, d'attaquer sur le champ ces troupes, de les culbuter et de chercher à rentrer avec elles dans la ville, comme le prince de Ponte-Corvo l'avait fait devant Lubeck, et comme nous l'avions fait avec l'avant-garde de Ney, à Ulm. On pouvait d'autant mieux espérer de réussir que, suivant tous les rapports du général saxon Languenau, on avait commencé la démolition de la place dans les années précédentes et ruiné la maçonnerie d'un bastion entier; au reste, tout le projet basait *sur un essai de rentrer dans la ville avec les troupes sorties, et sur l'absence de Napoléon.* La facilité avec laquelle nous avions débouché des montagnes, prouvait assez qu'il n'était pas là; les rapports le confirmaient, et tout portait à croire que le coup de main eût réussi. Ces deux divisions, attaquées par des forces quadruples, eussent été probablement culbutées et suivies dans la ville, ce qui eût donné aux alliés des résultats immenses, en leur procurant un pont sur l'Elbe, et un appui inappréciable pour continuer d'opérer sur les communications de Napoléon. Je proposai

2.

de tenter cette attaque par une seule colonne,
en n'engageant que la tête , et couvrant le reste
par un ravin profond : on aurait suivi alors avec
la masse, à mesure du succès, et dans le cas
où la tête aurait réussi à pénétrer. C'eût été
un combat de chaussée, livré par soixante-dix
mille hommes d'élite , contre dix-huit mille
hommes , divisés sur tout le front d'une ville
dont ils paralysaient le feu par leur position
extra muros.

Les Autrichiens ne voulurent rien faire avant
l'arrivée de leur armée, qui était encore loin
de là ; et quoique des prisonniers confirmassent
que Napoléon avait marché en Silésie , on remit
l'attaque , malgré mes instances, au 26, à quatre
heures du soir , comme si trente heures ne
signifiaient rien à la guerre, avec un adversaire
aussi actif. Le 26 au matin, on fit une disposition pour une attaque générale , qui devait
être exécutée à quatre heures du soir, sur
tout le front, par cinq corps principaux. Je ne
lus cette pièce que par hasard, six heures après
qu'elle fut déja envoyée à tous les corps, et
ce n'était certes pas là l'exécution de l'avis pru-
dent, et mesuré sur une connaissance pratique
de la guerre , que j'avais donné la veille. Sa
Majesté elle-même ne fut pas satisfaite de cette

disposition, et je ne dissimulai pas la peine qu'un tel changement me causait (1). Que pouvais-je y faire ? qu'aurait pu faire, dans une position pareille, le Général le plus expérimenté, se trouvant, comme moi, sans fonctions au milieu d'une machine immense, entouré de cent Généraux coalisés, qu'il ne connaissait pas, et qui avaient chacun leurs prétentions, leurs intérêts particuliers ; au milieu des ministres du cabinet qui voulaient eux-mêmes diriger les affaires militaires. Pour juger ma conduite à Dresde, il fallait donc savoir au juste ce que j'avais dit et fait ; et il faudrait supposer que, pour attaquer un général sorti de la ville avec deux divisions, j'eusse été maître de l'exécuter le 25, à deux heures, avec les sept ou huit divisions d'élite qui se trouvaient là. On sait que Napoléon arriva le 26, vers une heure après midi, avec soixante-dix mille hommes,

---

(1) Dans une discussion qui fut établie sur le terrain, Moreau fut d'avis de ne pas attaquer, si Dresde était à l'abri d'un coup de main. Les rapports des Généraux présents s'accordèrent sur le non achèvement des ouvrages, et Moreau convint qu'on pouvait essayer l'attaque des troupes sorties. Tout le mal provint dans cette campagne de ce que l'Empereur Alexandre ne commandait pas directement, ou de ce que la rédaction des ordres n'était pas confiée à un seul chef d'état-major auquel on aurait eu confiance.

et que ce qui eût été fort bon le 25, à onze heures, n'était plus de saison le 26, à quatre heures du soir.

Quant à la bataille du 27, je n'y fus pas plus maître de disposer d'un peloton, que je ne l'avais été la veille; je n'y connaissais pas mieux les individus et les choses. Mais en rencontrant le général Moreau, dans une reconnaissance que nous fîmes chacun de notre côté, je jugeai d'un coup-d'œil que Napoléon, ayant son centre couvert par la place de Dresde, profiterait de cet appui pour manœuvrer par ses deux ailes. Je proposai avec vivacité de prendre toutes nos masses accumulées au centre, de leur faire changer de front, pour tomber de concert avec notre droite sur la gauche de Napoléon, qui s'aventurait vers Gruma et Reick, entre l'Elbe et une masse de forces supérieures. Sa Majesté l'Empereur de Russie, à qui une idée juste n'échappe jamais, ni sur le champ de bataille ni dans le cabinet, approuva ce mouvement, que des causes particulières, et tout-à-fait étrangères à ma personne, empêchèrent d'exécuter. Tous les militaires capables de juger les opérations de guerre pourront décider si cet avis, le seul que j'aie donné dans la journée, était convenable ou non; et s'il méritait les apostrophes dont le général Sarrazin m'a honoré.

Au reste, cette bataille me détrompa de toutes les espérances que j'avais conçues ; elle me prouva qu'un homme dans ma position ne devait jamais juger les choses comme il le ferait s'il était maître de commander ; et j'appris là, qu'il y avait une grande différence de diriger soi - même l'ensemble d'un état-major, dans lequel on prévoit et organise tout, ou à raisonner sans fruit, et sur des données incertaines, de ce que veulent faire les autres. En un mot, je me rappelai la célèbre réponse de Scander-berg au Sultan, qui lui demandait son sabre ; fiction ingénieuse, et applicable à tous les militaires qui se trouveront dans le cas de donner leurs idées sur des opérations qu'ils ne dirigeront pas.

Je me tairai sur tout ce qui est arrivé depuis cette bataille, parce que cela est étranger à mon but et à notre différend ; mais si j'avais été dans le cas d'agir avec trop de confiance à Dresde, je l'aurais bien racheté par ma conduite à Leipzick, conduite que je passerai sous silence, pour ne pas révéler trop tôt des faits que je dois réserver pour une époque où les passions seront plus calmes, et ma position plus indépendante.

Dès-lors je n'ai plus rien fait. Aussitôt qu'il a été question d'attaquer le territoire français, j'avoue que mon jugement politique et militaire n'a pas été dénué de préventions, et que j'aurais cru qu'il existait un peu plus d'esprit national en France. Je n'ai pas toujours vu aussi sainement et aussi froidement qu'aurait pu le faire un ennemi naturel de ce pays. Mais loin qu'on doive me blâmer, il me semble que ce sentiment était tout naturel de ma part, et qu'on doit le respecter. Il y aurait en effet une injustice criante à vouloir mal juger de mes idées militaires, parce que j'aurais calculé trop haut les obstacles de la première invasion de la France, et les ressources de cet Empire pour une défense nationale. Les vingt années qui venaient de s'écouler suffiraient pour m'excuser, si on avait besoin de se justifier d'un sentiment de respect pour un Empire que l'on a bien servi, et auquel on a vu faire de si grandes choses.

Je suis bien fâché, Monsieur le Général, que vous m'ayez forcé de vous parler autant de moi; mais quand on s'est trouvé sur la grande scène, et dans un rôle assez marquant, il est difficile de se laisser inculper à faux, et de voir sa réputation attaquée par l'envie, dénaturée par la présomption.

Vos attaques sont d'autant plus déplacées, que je n'ai jamais eu d'autre prétention que

celle d'être rangé dans la classe des hommes
qui ont médité et compris la guerre ; de ces
hommes qui ne se trouvent jamais en grand
nombre dans une armée, et qui ne trouvent
pas toujours l'occasion d'être mis à leur place.
Cette ambition ne faisait de mal à personne,
elle était déja satisfaite par les suffrages que
j'avais recueillis des généraux distingués, tels
que l'Empereur Alexandre, l'archiduc Charles,
les généraux Diebitsch, Toll, Guilleminot,
Moreau, et Napoléon lui-même. Si tous ceux
qui vous lisent étaient en état de me juger, je
n'aurais opposé à vos attaques que le silence
du mépris. Mais la calomnie frappe, déchire ;
le mal est fait, et le remède arrive rarement à
temps. J'ai dû faire mon possible pour détrom-
per cette classe de vos lecteurs qui ne me connaît pas, qui ne me lira jamais, et qui aurait
été assez crédule pour ajouter foi à vos assertions. Au résumé, Monsieur le Général, il fau-
dra bien que je prenne mon parti, puisque je
partage mon sort avec tout ce qu'il y a de militaires respectables en Europe : j'espère cependant bientôt publier des mémoires sur ces
dernières guerres, et prouver que vous y mal-
traitez sans aucun égard aux convenances, et
sans aucune connaissance des faits, beaucoup
de Généraux également recommandables par

leur beau caractère,, et par leur mérite comme soldats. Vous avez déchiré, mordu à tort et à travers, du fond de votre cabinet, et sur des nouvelles de gazettes, sans vous embarrasser de ce qui en résulterait pour votre honneur et pour celui des autres.

Cette pièce était accompagnée d'une lettre d'envoi, qui demandait au général Sarrazin satisfaction, suivant les usages reçus entre militaires, en lui laissant même le choix des armes. Il a préféré se taire, et il eût bien fait de garder toujours le même silence.

Le Général Jomini.

(Pièce justificative n° 1.)

OBSERVATIONS

SUR LA PROBABILITÉ D'UNE GUERRE

AVEC LA PRUSSE,

ET SUR LES OPÉRATIONS MILITAIRES

QUI AURONT VRAISEMELABLEMENT LIEU ;

RÉDIGÉES POUR M. LE MARÉCHAL NEY,

AU CHATEAU DE WARTHAUSEN, PRÈS RIBERACH,

Le 15 septembre 1806.

PAR LE COLONEL JOMINI.

OBSERVATIONS

Sur la probabilité d'une guerre avec
la Prusse;

*Et sur les opérations militaires qui auront
vraisemblablement lieu.*

Depuis la bataille d'Austerlitz, on voit chaque
jour s'approcher davantage le grand dénoue-
ment des querelles politiques qui doivent décider de la suprématie du Continent entre la
France et le Nord.

. . . .
. . . .
. . . .
. . . .
. . . .
. . . .

Je ne m'engagerai pas dans une discussion
diplomatique pour prouver combien les droits
des deux partis sont fondés; mais je me bor-
nerai à examiner leurs chances de succès.

Si l'on ne consultait que les tableaux statis-
tiques, sans doute la France n'offrirait pas une

masse de moyens militaires aussi forte que celle
de la Confédération du Nord; mais ceux qui
savent combien la manière de mettre ces forces
en action influe sur les destinées des Empires,
et ce que peut, dans la balance, un grand capitaine accoutumé à manier de grandes armées,
conviendront que toutes les chances de succès
seront en faveur de la France (1). Le mode de
recrutement de ses armées, la qualité de ses anciens soldats, la force morale que la confiance
du chef imprime à cette grande machine, enfin sa position avantageuse et les défenses de
ses frontières, sont autant de causes incontes-
tables d'une supériorité de moyens, à laquelle
l'Europe n'a rien à opposer, que la réunion
parfaite de ses efforts, sur laquelle on ne peut
pas compter dans les circonstances actuelles.

La Russie est le seul état du Nord qui ait
quelques chances favorables; elle trouve, dans
la nature de son sol, dans l'éloignement de ses
provinces, une garantie contre toute invasion
étrangère; elle ne joue à la guerre, que les
restes d'une influence qu'elle perdrait vraisemblablement en temps de paix (2). Le résultat

(1) Mes lecteurs voudront bien ne pas oublier qu'il s'agit
ici d'opérations sur le Haut-Mayn et l'Elbe, et pas encore
des courses sur la Vistule.

(2) Il faut se rappeler que ceci est écrit en septembre 1806,

le plus désastreux pour elle, serait le rétablissement de la Pologne sous la protection de la
France, tandis qu'avec des demi-succès, elle
peut espérer des avantages immenses pour une
génération future. Ainsi les intérêts de quelques
nations, l'honneur des autres, la haine, la ven-
geance ou la jalousie de toutes, semblent ne
laisser aucun doute sur une prochaine rupture
et sur un bouleversement général.

La guerre étant inévitable et résolue, voici,
je crois, les opérations qui doivent avoir lieu
de part et d'autre.

L'intérêt de la France est d'empêcher ses ennemis d'entrer simultanément en action. Il est
au contraire du plus grand intérêt des alliés de
ne pas s'engager successivement, afin de ne pas
être détruits les uns après les autres, mais de
faire un grand effort combiné, dont les résultats sont le seul espoir qui leur reste. C'est sur
cette grande base que reposeront vraisemblablement toutes les combinaisons des lignes
d'opérations.

---

au moment où toutes les gazettes annonçaient le retour des
armées en France, et désignaient même les ponts sur lesquels elles devaient repasser le Rhin.

Examen des lignes territoriales.

Les Prussiens se rassemblent, et leur attitude fait présumer que les Russes ne tarderont
pas à passer leurs frontières pour marcher sur
l'Elbe.

Jusqu'à l'époque de leur arrivée, la ligne des
Prussiens est défensive (1); sa base est le point
par lequel les Russes doivent venir joindre
leurs alliés; elle offre quatre lignes de fleuves
sur le même front.

1° L'Ems; 2° le Weser; 3° l'Elbe, prolongé
par la Saale et l'Elster; 4° l'Elbe depuis la
Saale jusqu'à Dresde et aux frontières de la
Bohême.

L'Ems est une ligne nulle, parce qu'elle est
prolongée sur la gauche des Français, où il n'y
a aucun effort décisif à craindre, et qu'elle est
d'ailleurs prise à revers par la position de la
grande armée sur Anspach, Bamberg, etc. Le
Weser sera donc la première ligne tenable,
par sa position topographique et relative à
celle des ennemis; mais elle exige la formation

_____

(1) Les Prussiens en ont jugé autrement, et ont payé cher
leur imprudence, dont le motif est au reste excusable,
pour ne pas dire honorable.

d'une double ligne d'opérations, c'est-à-dire, l'établissement de deux corps d'armée, un à droite pour couvrir Hameln et la route de Mag-debourg par Paderborn et Cassel, et un autre à gauche, formant un crochet vers les sources de la Saale et du Mein, pour couvrir Bareith et les communications de Leipzig et de Dresde. Cette double position produirait un morcelle-ment de forces dont l'Empereur des Français saurait profiter, pour s'établir en masse au centre et accabler successivement les parties ainsi isolées.

La troisième ligne est celle de l'Elbe, pro-longée par la Saale; elle est sans contredit la plus avantageuse :

1° Parce qu'elle n'est pas tournée;

2° Parce qu'elle permet de concentrer ses forces sur une seule ligne d'opérations, avec deux divisions de flanc, qui auraient chacune une direction concentrique sur la masse;

3° Parce qu'elle couvre mieux toutes les grandes communications qui sont la base d'où partent les mouvements, relativement aux Russes; c'est-à-dire, celle de Dresde, et celle par Leipzig et Wittemberg sur Berlin;

4° Parce qu'elle offre une retraite assurée sur la quatrième ligne, formée par l'Elbe, depuis Dresde jusqu'au confluent de la Saale;

laquelle couvre également les communications les plus importantes. Il n'est pas vraisemblable que la grande armée russe arrive par Berlin ; outre les inconvénients qui pourraient en résulter, cette route est plus longue que celle de Warsovie par Breslau sur Dresde. Je crois donc qu'on préférera la dernière, à moins que la direction des mouvements de l'armée française ne rende les communications dangereuses ou impossibles.

Cette vérité étant reconnue, les plans de campagne les plus sages pour les deux partis, doivent reposer sur les conséquences qui en résultent.

Ainsi l'armée française, déja établie à portée des frontières de Saxe, cherchera à gagner le point important de Gera, et les Prussiens doivent renoncer à toute opération sur leur droite, pour couvrir Leipzig, Gera et Zwickau, en se bornant à faire observer la route de Magdebourg. On conviendra dès-lors, que leurs positions en Westphalie sont inutiles ou dangereuses ; celle de l'Ems tombe d'elle-même, et l'occupation de celle du Weser pourrait causer la ruine de l'armée.

Pour rendre mes idées plus intelligibles, je vais procéder à une discussion plus méthodique, et ramener le lecteur à toutes les hypothèses que la guerre future peut présenter.

1° *Manière d'occuper la double ligne de l'Ems et de Bareith ; Opérations des Français contre ces lignes.*

J'ai déja posé en principe, que les opérations des Prussiens devaient être défensives jusqu'à l'arrivée des Russes. Je ne prétends pas dire par là , qu'ils doivent attendre dans leurs positions , pour que l'ennemi veuille bien venir les y attaquer et les y forcer ; on sait assez que mon système défensif , loin d'exclure l'initiative des mouvements , recommande cette initiative comme le principe des meilleures combinaisons ; mais j'ai voulu dire , que les Prussiens ne pouvaient pas faire la guerre d'invasion, parce qu'elle les éloignerait de leur but principal (la réunion des Russes), et qu'elle les exposerait d'autant plus long-temps à supporter seuls tous les efforts de leurs puissants ennemis.

Sans doute, si les Français étaient au-delà du Rhin , il pourrait convenir aux Prussiens de s'avancer jusque sur ce fleuve, afin de retarder les opérations et de prolonger leur défensive, sans la faire aux dépens de leurs provinces, dont l'occupation passe toujours pour des conquêtes aux yeux de la multitude , et même aux yeux de la plupart des militaires. Mais les circonstances sont bien différentes :

3.

l'armée française est au cœur de l'Allemagne ;
elle est en masse sur le flanc gauche de la ligne des Prussiens. Elle peut , dans quelques
marches, isoler ou tourner leurs corps, et les
mettre dans l'impossibilité de se réunir avec
les Russes. Il s'agit donc d'empêcher un résultat aussi terrible , et non de couvrir quelques
bailliages de la Westphalie.

En prenant une position sur l'Ems vers Munster et Paderborn , une armée couvrirait, il est
vrai, les récoltes des Hanovriens et la place
de Hameln ; mais un tel résultat ne peut pas
être mis en parallèle avec le salut de l'armée
et celui de l'État; une telle faute entraînerait
néanmoins la ruine de l'un et de l'autre, et ,
dans les suppositions les plus favorables , les
suites en seraient toujours très-fâcheuses :

1° Parce qu'en employant, sur ces points, des
forces considérables, on les distrairait du point
principal où les coups décisifs doivent se porter,
et où elles rendroient de bien plus grands services;

2° Parce qu'en les isolant à une aussi grande
distance, ces forces seraient perdues, lorsque
le coup décisif aurait été frappé à l'avantage
des Français. Une retraite concentrique et pré-
cipitée serait le seul moyen de les sauver, et
cette retraite mettrait à découvert les mêmes

provinces, pour la conservation desquelles on aurait affaibli le point important, et sacrifié l'intérêt général.

Pour se convaincre de la vérité de ces assertions, il suffirait de se rappeler toutes les campagnes de l'Empereur Napoléon, et d'en appliquer les principes à la position des Prussiens; on pourrait ainsi prévoir d'avance la manière dont il les attaquerait.

Une armée étant à Munster ou Paderborn, et l'autre vers Bareith, il serait vraisemblable que les Prussiens auraient un corps intermédiaire pour les soutenir ou pour communiquer. Ainsi il est vrai que le fatal systême des lignes morcelées force à se disséminer davantage; et, pour parer aux inconvénients de ce systême, on s'expose à de plus grands dangers encore. Les points les plus favorables pour poster ce troisième corps, seraient ceux d'Eisenach, d'Erfurt ou de Meinungen; car celui de Cassel se trouve trop près de la droite, qui est passive. De ces trois positions intermédiaires, celle d'Erfurt me paraîtrait la plus propre à secourir les grandes communications sur Leipzig et Dresde, parce que de là on peut gagner Gera avant l'ennemi. En supposant donc les troupes prussiennes réparties dans les positions sus-mentionnées, il est vraisemblable que l'Empereur Napoléon faisant partir ses corps d'armée des points de Bamberg et de Wurtzbourg, les rassemblerait concentriquement vers Erfurt, en tenant l'embranchement des routes de Jéna et de Gotha, et faisant occuper Gera et Leipzig, qui sont les points militaires les plus importants.

Il est probable que le corps d'armée prussien posté à Erfurt ne pourrait pas se soustraire à des forces aussi supérieures, rassemblées avec la rapidité de l'éclair par des marches forcées, cachées et bien combinées, et qu'il serait détruit. Mais en supposant le contraire, il ne lui resterait qu'à se retirer avec grande perte, pour se réunir au corps de Munster ou pour se réfugier à Magdebourg.

L'armée française, maîtresse alors du point de Gera, qui assurerait ses communications, établies à plusieurs marches en arrière de l'extrémité droite du corps placé à Bareith, pourrait se prolonger vivement sur Zwickau et Hoff, et placer l'armée prussienne dans le même péril que celle de Mélas à Marengo. Que deviendrait le corps posté sur l'Ems? Coupé de l'Elbe et de ses communications avec les Russes, il se trouverait resserré entre la mer, les barrières du Rhin et une armée victorieuse, supérieure en nombre, établie sur ses derrières.

Ceux qui connaissent le système de l'Empereur Napoléon, pourront décider d'avance quel serait son sort.

Les trois grandes parties des forces prussiennes seraient ainsi accablées successivement, vaincues et dispersées par une masse imposante et par une activité d'exécution à laquelle aucunes troupes de l'Europe ne sont accoutumées.

Les principes qui produiraient d'aussi grands résultats, sont, 1° l'emploi combiné de sa masse sur des parties faibles et isolées ; 2° l'initiative du mouvement, qui donne la certitude de cet emploi sur le point déterminé et le plus avantageux.

2° *De la ligne du Weser.*

En prenant pour base de mes suppositions celles que j'ai faites dans les articles précédents, on verra que la ligne du Weser exige également l'établissement d'une double ligne sur Bareith. Si on prolonge celle du Weser par la Fulde, Cassel devient nécessairement le point central, alors la ligne se trouve déja tournée depuis Bamberg ; si on la prolonge par la Werra, on peut tenir Cassel avec une avant-garde, et l'armée resterait en intermédiaire entre Munden et Eisenach, pour couvrir également toutes les communications, à droite sur Magdebourg, et à gauche sur Leipzig. *Cette position centrale est bonne ; c'est un point militaire des plus avantageux, lorsque l'ennemi vient de Francfort ou de Wesel, mais non lorsqu'il a sa grande masse déja réunie sur la direction de Bamberg. On voit donc que c'est à Bareith, vers les sources du Mein et de la Saale, qu'est la clef de toutes les grandes opérations. C'est de là que dépend le salut des coalisés, et c'est là que leur ruine sera opérée, si, pour tout couvrir, ils veulent faire face par-tout. Cette vérité étant reconnue, il s'ensuit que toutes les communications, qui conduiraient sur l'extrême droite du corps prussien de Bareith, deviendront le théâtre des mouvements de l'Empereur, qui auront pour but d'isoler ce corps des autres armées, de l'accabler, et de s'opposer ensuite à l'arrivée des secours qui pourroient tenter de sauver les forces coupées et dispersées sur le Weser.*

Ces communications sont :

1° Celle de Bamberg par Cronach sur Hoff ;

2° La même depuis Bamberg à Cronach, et de là par Lobenstein sur Plauen ;

3° La même par Cronach, Lobenstein, sur Schlein, et Jéna ;

4° Enfin la grande communication par Cobourg et Cronach sur Gera et Leipzig;

5° Celle de Wurtzbourg par Cobourg, pour se lier aux opérations de Bamberg.

L'Empereur des Français, maître de Bamberg et des communications du centre, pourrait opérer avec les mêmes avantages contre l'armée du Weser, s'il jugeait que cela fût plus convenable à ses intérêts. Alors les communications de Bamberg par Cobourg sur Eisenach et Erfurt, conduiraient l'armée perpendiculairement sur l'extrême gauche de la ligne de défense des Prussiens; l'armée française appuyée, la gauche à la Werra et la droite à la Saale, aurait autant de positions excellentes, qui établiraient sa masse contre des parties faibles, et qui la mettraient à même, en se prolongeant sur la Saale, de prévenir l'ennemi sur toutes ses communications, en conservant néanmoins les siennes; de le couper par-là de l'Elbe, et de le refouler sur la mer du Nord.

3° *De la ligne de l'Elbe, prolongée depuis Barby par celle de la Saale et de l'Elster.*

Nous avons dit que cette position était la seule qui offrît aux Prussiens le moyen de se concentrer et de couvrir leurs communications

avec les Russes. Il serait néanmoins possible
que les Prussiens, méconnaissant cet avantage
et les vrais principes de l'art, voulussent faire
face par-tout, et opérassent sur deux ou trois
lignes indépendantes. Nous examinerons donc
les trois suppositions.

1° Si les Prussiens forment ligne double, ils
en établiront une sur Magdebourg, et l'autre
vers Bareith; elle offrirait le même inconvé-
nient que celles dont nous avons parlé, car
elle exposerait les deux armées au danger d'être
coupées et morcelées; c'est-à-dire, à ce que
l'ennemi gagnât Leipzig et l'Elbe par le centre;

2° Si les Prussiens forment une troisième
ligne, elle sera vraisemblablement destinée à
couvrir l'importante position centrale de Leipzig; alors le remède serait pire que le mal,
car les forces se trouveraient encore plus di-
visées; ce troisième corps serait exposé aux
attaques générales de l'armée française, qui
s'y porterait concentriquement par les communications qui aboutissent de tous les points
à Leipzig. Ainsi, loin de sauver les corps de
droite et de gauche, il les affaiblirait tous, et
rendroit leur ruine successive beaucoup plus
certaine;

3° Enfin, je vais supposer que les Prussiens,
connaissant leurs vrais intérêts, se décident à

n'embrasser qu'une ligne d'opération, par
une masse principale, avec deux petits corps
d'observation. Cette hypothèse laisse encore
à décider quel serait l'emplacement le plus
convenable pour l'armée ?

La position de Leipzig à Gera remplirait bien
le but de couvrir la droite et les communications de Cassel et de Francfort, sur Leipzig,
Magdebourg et Berlin ; mais elle laisserait trop
à découvert le corps chargé d'observer la route
importante de Bareith à Dresde, qui conduit
sur l'extrémité gauche et sur les derrières de
la ligne.

*Dans cet état de choses, il me paraît incon-
testable qu'il vaut mieux renoncer à la défense
de la droite, où il n'y a presque rien à craindre,
et se borner à couvrir les communications de
Bamberg à Dresde, à Naumbourg, et à Leipzig. L'armée principale des Prussiens devrait
donc se poster entre Saalfeld, Schlaitz et Hoff ;
ces derniers points surtout bien renforcés.*

Dans cette position, elle éviterait toutes les
chances ruineuses que nous avons énumérées
dans les articles précédents ; elle présenterait
facilement la masse sur tous les points, n'aurait aucune attaque à craindre sur des parties
isolées, et serait assurée de trouver, en cas
de revers, une retraite sur l'Elbe, d'où elle

conserverait toujours les communications avec
Dresde, et d'où elle couvrirait celles de l'Oder
et de l'importante ligne de la Silésie.

*Napoléon, dans cette hypothèse, changerait
le théâtre de ses efforts ; et du centre, il le trans-
porterait sur une des extrémités. La gauche des
alliés deviendrait alors le point de vue de tous
nos mouvements, qui auraient pour but de gagner en forces supérieures la route de Bareith
à Hoff, d'écraser cette aile, de poursuivre ensuite le reste partiellement, et de conserver toujours la route par laquelle les Russes pourraient arriver au secours.*

Quoique le génie de Napoléon fasse présumer d'avance que ces mouvements attein-
draient leur but, *il faut néanmoins convenir
qu'ils rencontreraient bien des obstacles, si les
Prussiens, se faisant bien éclairer, adoptaient
pour principe de se prolonger toujours à leur
gauche, de ne pas perdre de vue un instant les
corps qui voudraient gagner cette aile, et d'attaquer ces corps avec toutes leurs forces réunies
lorsqu'ils en trouveraient l'occasion.*

Telles sont les opérations qui me paraissent
vraisemblables dans les différentes suppositions
que j'ai établies : elles peuvent varier de théâtre, parce que le choix des positions décide
du choix des points stratégiques ; mais le prin-

cipe sur lequel j'ai fait reposer mes calculs sera toujours celui sur lequel reposeront les projets de campagne. *Si les Prussiens forment deux ou trois lignes , ils seront accablés sur le centre , et ensuite isolés et morcelés ; s'ils ne forment qu'une seule ligne centrale, on manœuvrera sur celle de ses extrémités qui conduirait sur les communications avec leurs frontières et avec les Russes ; et l'armée , ainsi accablée sur ses parties faibles , sera menacée d'une ruine totale, si elle ne soutient avec vigueur le système des efforts simultanés et combinés , en appuyant sans cesse sur sa gauche , vers Saalfeld, Schlaitz et Hoff.*

Le Général JOMINI.

(Pièce justificative n° 2.)

EXTRAIT

D'UNE BROCHURE INTITULÉE:

MÉMOIRES

SUR LA CAMPAGNE DE 1813;

PAR LE GÉNÉRAL JOMINI.

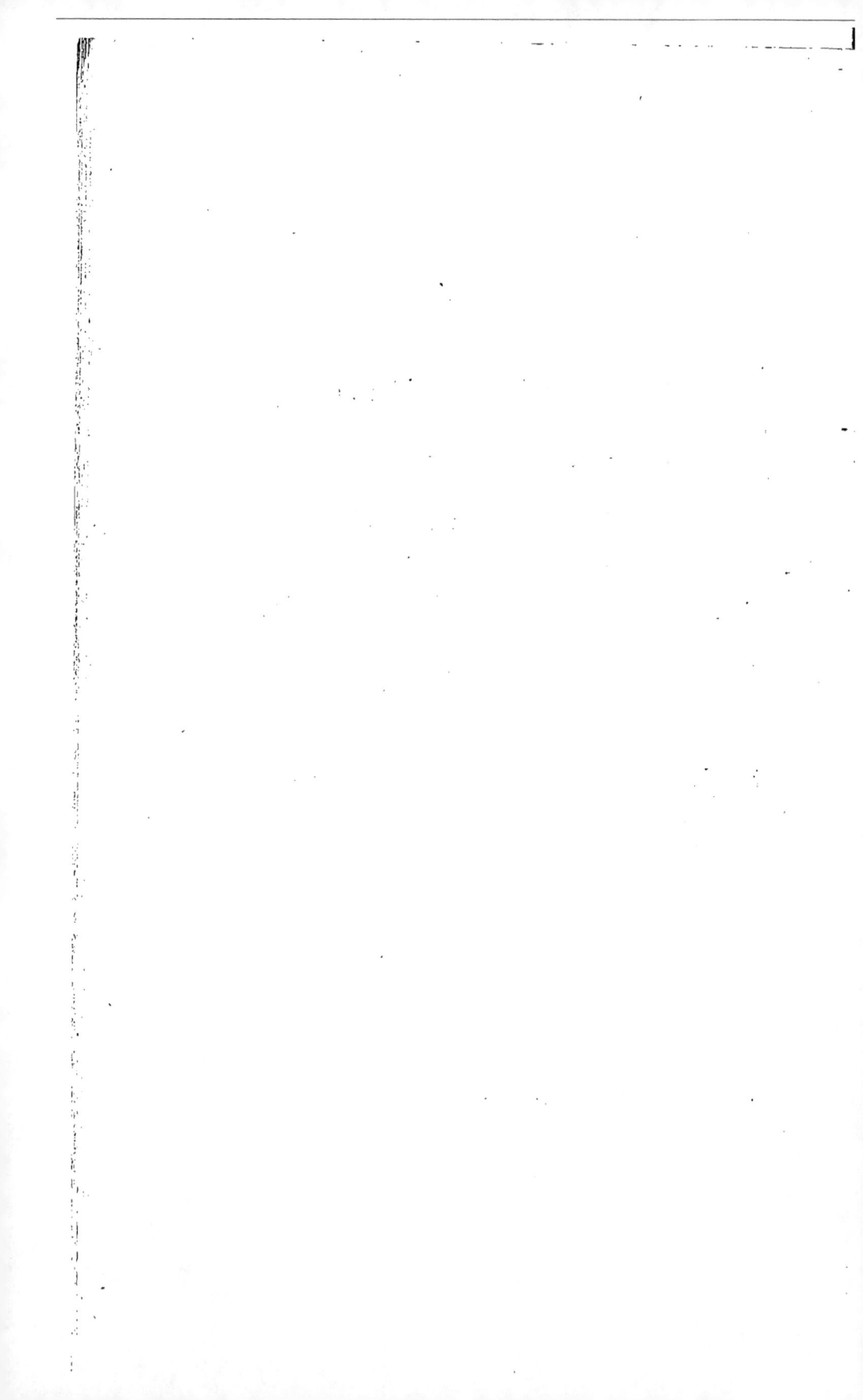

NOTE.

J'ai rédigé un Mémoire assez intéressant sur cette campagne à jamais mémorable. Quelques considérations particulières m'ont engagé à suspendre la publication de cet ouvrage jusqu'à la paix ; mais le desir de me justifier m'a déterminé à en extraire ce qui concernait l'abandon que j'ai fait d'une cause odieuse à toute l'Europe, et aux bons Français eux-mêmes. Mon but, en faisant imprimer séparément cette feuille, a été de la répandre parmi les personnes qui s'intéressent à moi, sans vouloir cependant lui donner plus d'importance qu'elle n'en mérite.

Le Baron JOMINI,

Lieutenant-général et Aide-de-camp général de S. M. l'Empereur de Russie.

4

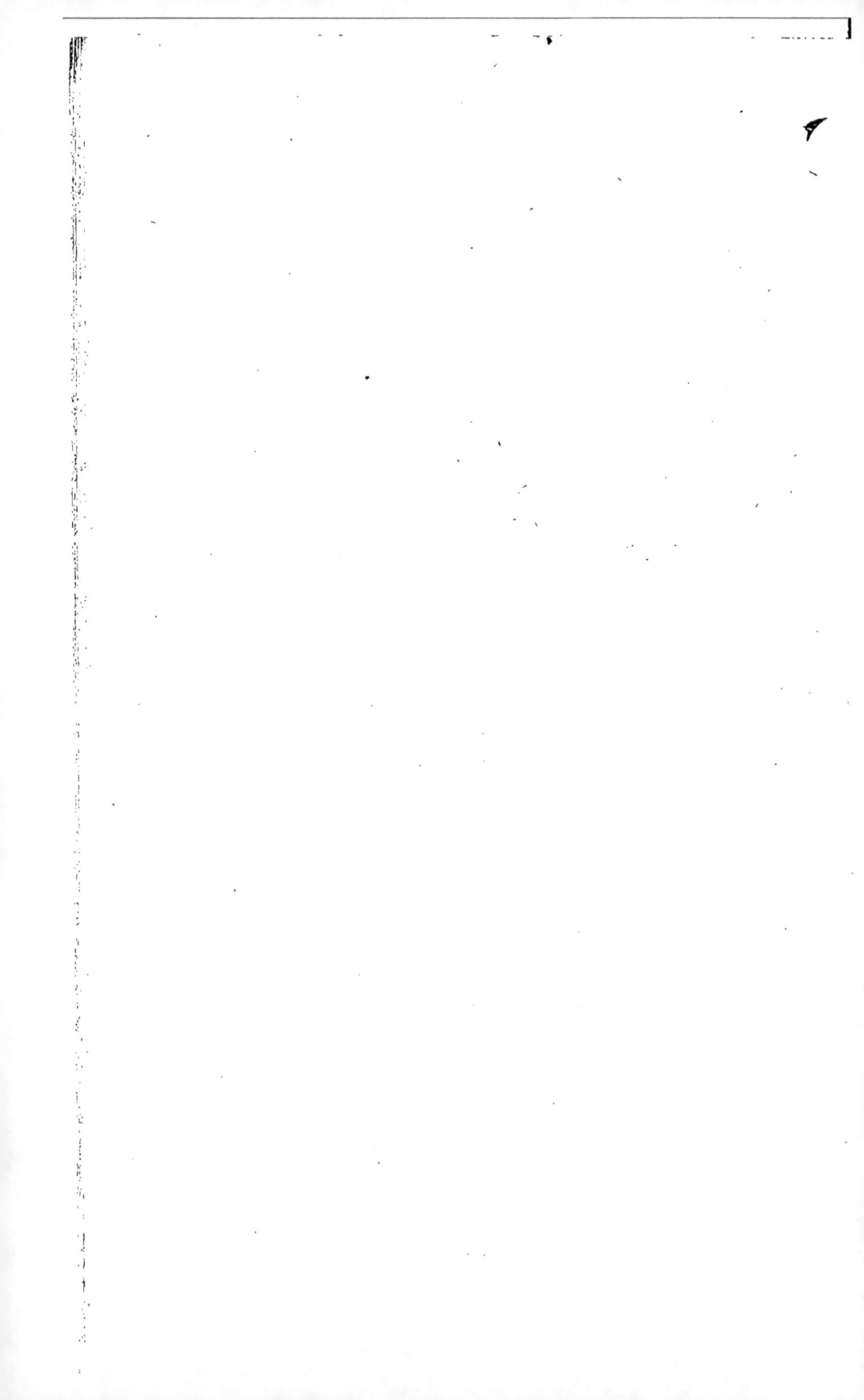

EXTRAIT

D'UN MÉMOIRE

SUR

LA CAMPAGNE DE 1813.

INTRODUCTION.

La démarche violente que j'ai faite en quittant l'armée française pourrait être blâmée par ceux qui n'en connaissent pas les motifs. J'ai donc résolu de publier quelques Mémoires sur la campagne mémorable de 1813, et de les faire précéder d'un exposé des raisons qui ont pu me déterminer à prendre ce parti.

Né au Pays-de-Vaud, en Suisse, j'ai servi d'abord la cause de la France, parce qu'elle était alors celle de mon pays. Je l'ai fait avec zèle et honneur.

Napoléon, premier Consul de la république française, donna à ma patrie un acte de Médiation qui parut faire son bonheur, et qui, en effet, présentait tous les avantages d'une excel-

4.

lente organisation locale. Mais tous les hommes
d'État ne tardèrent pas à voir, en cet acte, la
destruction d'un gouvernement central, qui
seul peut conserver à une république fédérée
sa nationalité, c'est-à-dire, sa force intérieure
et des relations extérieures honorables. Un gouvernement nomade, comme une horde de Tar-
tares, changeant tous les ans de chef et de ré-
sidence, était une nouveauté en administration
politique; il devait effrayer tout Suisse aimant
la dignité de son pays (1). On ne pouvait voir
en effet dans cette singulière institution, que
l'application de la grande maxime, *diviser pour*
régner, et on devait s'attendre que tous les
moyens seraient employés pour ramener peu-
à-peu les Suisses à regarder eux-mêmes comme
un bonheur d'être gouvernés par Napoléon.
Jusqu'alors des institutions libérales avaient été
associées à ses victoires. Il avait déployé les
mêmes talents comme grand capitaine, comme
administrateur de la France et comme négo-

---

(1) Un gouvernement central n'est pas le vœu de tous
les Suisses, parce que l'essai qu'ils en ont fait dans des
circonstances orageuses n'a pas été heureux. Mais rien
n'empêcherait de conserver les lois cantonnales, en ayant
un centre commun pour la force publique et les relations
extérieures; en un mot, le beau gouvernement fédératif des
États-Unis d'Amérique.

ciateur. Les paix de Lunéville et d'Amiens
avaient cicatrisé les plaies d'une révolution
sans exemple. On pouvait servir sa cause et
s'allier à ses entreprises.

Ses guerres ne parurent d'abord qu'une ré-
sistance naturelle aux attaques de ses ennemis.
Celle de 1805 ne sembla commencée que pour
repousser les efforts d'une coalition formidable
de l'Autriche et de la Russie.

La première institution d'une partie de la
Confédération du Rhin ne pouvait pas plus être
considérée comme le résultat d'une politique
astucieuse et menaçante, que ne l'avaient été
les premières opérations de Napoléon. Il la présentait comme une barrière opposée à l'influence de l'Autriche sur l'Empire d'Allemagne, qui pouvait faire de cette nation une
puissance dominante, relativement à l'état dans
lequel se trouvaient alors les autres peuples de
l'Europe.

La guerre de 1806 fut le résultat de l'établissement de cette Confédération du Rhin. Il serait inutile de rappeler les malheurs que la
Prusse éprouva à cette époque, et qui furent
causés par un beau dévouement pour la liberté
germanique.

La paix de 1807 créa le noyau d'une nation
polonaise ; mais elle affaiblit proportionnel-

lement l'Europe centrale , en morcelant la
Prusse et en lui enlevant toutes ses ressources.
Le bien que cette paix faisait d'un côté à la
France, était ainsi compensé par un plus grand
mal ; car au lieu d'un allié naturel sur la Sprée,
on se donna des alliés lointains sur la Vistule ,
et des ennemis jurés sur l'Oder et l'Elbe. Je
m'étais permis de rédiger et de présenter un
Mémoire qui prouvait que la maison de Bran-
debourg et la nation prussienne étaient les vraies
amies et les barrières dont la France devait
s'assurer pour garantir l'Europe d'une invasion de la Russie, que l'on redoutait tant depuis la célèbre Catherine (1). Je voulais dé-
montrer qu'un rétablissement de toute la Pologne ne procurerait pas une nouvelle barrière ; qu'un tel rétablissement ne pouvant se
faire qu'aux dépens de trois grandes puissances, il donnerait à ces puissances, qui n'a-
vaient jamais pu s'entendre, un point de ral-

---

(1) Les craintes d'une invasion russe étaient devenues
un axiome pour les publicistes du 18ᵉ siècle : j'avoue que
j'ai momentanément partagé leur erreur, mais j'en suis bien
revenu ; l'armée russe peut sans doute faire des conquêtes
comme une autre ; mais une invasion nationale ne peut plus
être l'intérêt d'une noblesse éclairée , jouissant de grands
biens, ni d'un gouvernement qui trouve dans ses propres
provinces tout ce qui peut satisfaire une juste ambition.

liement et d'intérêt commun; en un mot, je prouvais que cette opération léguerait à la France des guerres éternelles et lointaines , où elle sacrifierait toute sa population sans pouvoir se maintenir. Ce Mémoire, rédigé sur des principes solides , et qui ont été bien justifiés dès-lors , fut, je crois, la première cause qui porta Napoléon à m'éloigner de sa personne , soit qu'il méconnut la pureté des vues qui dictèrent ma démarche , soit par la haine qu'il porte à tout homme qui ose penser. Je m'en consolai par le sentiment d'avoir rempli mon devoir comme citoyen et comme soldat.

La paix de Tilsit fut bientôt suivie de l'invasion de l'Espagne. Alors se déroula le tableau de la politique la plus monstrueuse, et on reconnut enfin dans cet homme , qui affectait tant de grandeur, une astuce sans bornes , la soif d'une domination absolue , et une ambition qui ne connaît pas plus de limites dans son but, que de scrupules dans ses moyens.

Dans le même temps , un grand nombre d'institutions arbitraires désola la France. Tout ce qui restait de principes libéraux fut proscrit : une tyrannie menaçante s'appesantit sur le continent. L'issue malheureuse des efforts de l'Autriche en 1809 semblait devoir river ces chaînes pour jamais : elle ne fit heureusement que les prolonger et en rendre le poids plus insupportable.

Le prompt abandon de l'alliance avec la Russie, rompue de fait par le mariage de Napoléon avec une princesse de la maison d'Autriche, laissait encore quelque espoir aux amis de l'indépendance européenne. A cette époque (1810) je m'étais attiré la disgrace de Berthier, dont l'esprit ne pouvait souffrir aucune opposition ; je me retirai en Suisse, et au bout de quelques mois je demandai ma démission, résolu de ne plus défendre une cause qui avait pour but l'asservissement du genre humain. Dès-lors mon projet était d'offrir mes services au Souverain aimable que ses vertus ont fait admirer de l'univers, dont les principes libéraux contrastaient si fort avec le caractère despotique de Napoléon, et dont la politique, toujours franche et loyale, offrait à l'Europe toute la garantie que l'on doit espérer d'un grand Monarque. Alexandre était à mes yeux le plus ferme appui des amis de la liberté générale; l'expérience démontrera que je ne me suis pas trompé (1). L'exécution de ce projet

---

(1) Ma proposition fut acceptée, et dès 1810 je fus nommé Général-Major au service de Russie, et personnellement attaché à S. M. l'Empereur.

éprouva néanmoins toutes les contrariétés auxquelles on pouvait s'attendre ; Napoléon n'a jamais accordé de démission à ses Généraux, parce qu'il se serait exposé à se voir abandonné par tous ceux qui étaient las de verser leur sang pour des projets gigantesques et de courir le monde pour des intérêts étrangers à la France. Quoique j'eusse réclamé ma qualité de citoyen suisse en sollicitant mon congé, on ne répondit à ma demande que par l'ordre impérieux de partir dans les vingt-quatre heures en poste pour revenir à Paris. Il eût été sans doute fort beau d'insister et de ne pas exécuter cet ordre ; mais comment lutter seul contre Napoléon, qui était alors en paix avec tous les gouvernements du Continent ? Il fallut me soumettre encore, et reprendre mes chaînes, en attendant que le moment de se prononcer fût arrivé.

Tout le monde connaît les événements qui se sont passés depuis cette époque. La réunion du Valais, de la Hollande, des villes Anséatiques, d'une partie de l'Italie et de la Westphalie, dévoilaient chaque jour la politique de Napoléon. Enfin il leva le masque en rassemblant une armée innombrable sur l'Elbe, et en la portant ensuite sur la Vistule. Le glaive de la Providence a frappé cette malheureuse armée. J'ai été moi-même un des témoins de ces terribles scènes, dont le souvenir seul fait dresser les cheveux. Cent fois j'eus l'envie de rester en Russie ; et l'état affreux dans lequel je me trouvai après le passage de la Bérésina, aurait suffisamment justifié cette démarche ; je n'aurais fait que suivre l'exemple de mille de mes camarades ! Mais la voix de l'honneur me rappela cent fois qu'on ne doit jamais quitter une armée lorsqu'elle éprouve des revers. D'ailleurs il paraissait probable que ces désastres épouvantables dégoûteraient Napoléon de la fureur de guerroyer. On devait espérer que le conquérant pourroit encore devenir un grand prince, et donner à la nation française le bonheur et le repos. Ses lauriers avaient sans doute un lustre moins éclatant ; néanmoins ils n'étaient point flétris ; et il pouvait encore compter sur une paix avantageuse et honorable.

Les efforts que Napoléon fit pour recréer son armée paraissaient assez grands pour sauver la France ; ils ne pouvaient pas l'être assez pour asservir l'Europe : ce calcul fut trompé, comme tous ceux qui purent lui supposer des vues loyales et un peu de modération. Sa hauteur fut portée au comble après la bataille de Lutzen ; il menaça de mettre sur pied onze cent

mille hommes et *d'inonder l'Europe de soldats.*
(Ce furent ses propres expressions.)

Pourquoi donc voulait-il arracher plus d'un
million d'hommes à leurs foyers ? Pour mettre
en deuil toutes les familles de France qui n'y
étaient pas encore à la suite d'un massacre de
vingt ans ? — Pour devenir en Allemagne un
objet d'exécration, comme il l'était déja en
Espagne ? — Pour léguer à son successeur des
défaites inévitables ? — Enfin pour devenir le
fléau de tous les peuples, après en avoir été l'i-
dole. — Les victoires de Lutzen et de Bautzen
avaient rétabli tout le prestige de sa supériorité dans les batailles. Son amour-propre devait être satisfait, et la déclaration de l'Autriche lui donnait un moyen de présenter la
paix, qu'il ferait, comme le résultat d'une ligue
générale, et non celui de la supériorité des armes de ses ennemis. Tous les hommes sensés
s'attendaient à cette paix, si desirée ; mais ils
avaient tort, puisqu'ils oubliaient que le sang
de deux millions de soldats, le bonheur de la
France et celui de l'Europe, ne seraient jamais mis dans la balance par un homme qui
sacrifierait le monde entier avant de renoncer
à la plus petite de ses prétentions.

Dans un tel état de choses, fallait-il continuer à combattre pour l'oppresseur de toutes

les nations, pour un système et un pays qui
n'étaient pas les miens ? Non, sans doute, et
je me serais bien gardé de le faire, lors même
qu'à ces grandes considérations ne se seraient
pas jointes celles de mon intérêt personnel.
Napoléon avait depuis long-temps méconnu
mes services. Après cinq campagnes pénibles,
j'avais reçu pour toute récompense une des-
tination rétrograde en 1809 ; tandis que mes su-
bordonnés étaient devenus mes supérieurs.
— Le grade de général de brigade ne m'avait
été conféré qu'à la suite de la démission que
j'avais donnée en 1810. On me confiait, il est
vrai, des emplois importants ; mais le fruit et
l'honneur en étaient pour les autres.

Après la bataille de Bautzen, le maréchal
Ney avait encore sollicité pour moi le grade
de général de division. Je me trouvais le premier proposé sur un travail de six ou sept cents
promotions ; je fus le seul exclus. Pourquoi hu-
milier ainsi un soldat dont le chef, juge naturel de ses services, rendait le plus éclatant
témoignage ?

J'étais décidé à quitter les drapeaux de Napoléon depuis qu'ils étaient devenus les éten-
dards sanglants de la tyrannie ; j'ai été charmé
que ses torts personnels envers moi m'en four-
nissent l'occasion. J'ai eu raison dans le fond ;

ses meilleurs alliés en ont fait autant. Quant à
la forme, il n'était pas en mon pouvoir d'en
employer une plus légale. Sous un autre gouvernement j'aurais attendu ma démission; sous
un homme qui pense que tous ceux qui le ser-
vent sont attachés au joug, on ne pouvait rien
espérer d'une telle demande, qui avait déja été
faite en vain depuis deux ans, et dont le renou-
vellement m'aurait incontestablement conduit
à Vincennes. Forcé à servir contre mes principes; humilié pour prix des services les plus
importants; honoré au contraire et accueilli
avec la plus généreuse bienveillance par l'Empereur Alexandre; nommé depuis deux ans à
son état-major particulier; n'ayant aucun devoir national à remplir envers la France, et
mes obligations de service étant les seuls liens
qui m'attachassent à ses armées; il ne me restait d'autre parti à prendre que celui de briser
mes chaînes, et j'ai eu assez d'énergie pour le
faire. J'ose compter sur l'approbation de tous
les gens de bien, car j'ai fui l'abus de la puissance d'un grand capitaine qui alors était encore victorieux, et qui avait 600,000 hommes
sous les armes depuis les Pyrénées jusqu'à
l'Oder. En joignant de faibles efforts à ceux de
l'Europe pour conquérir l'indépendance de
l'Allemagne et de mon pays, je remplis un de-

voir cher à mon cœur (1). Puisse le ciel cou-
ronner une si louable entreprise, et consolider
les heureux résultats que nous promettent déja
les premières opérations de cette guerre, qui
est une véritable croisade contre l'oppression !

Puissent sur-tout mes concitoyens suisses ap-
plaudir à cette résolution, et y voir un gage de
mon amour pour la véritable gloire de ma patrie ! Si j'ai cru un instant que ses destinées
étaient attachées à celles de Napoléon, c'est
qu'à cette époque il était le héros du Monde ;
aujourd'hui qu'il en est l'oppresseur, ils doivent
abandonner sa cause, comme j'ai eu le courage
de le faire : c'est le moment de courir aux
armes, et de poser pour des siècles les bases
de la prospérité et de l'honneur des nations (2).
La France elle-même devrait suivre cet exem-

---

(1) J'ai été assez heureux pour voir mes vœux accom-
plis en partie, et dès le lendemain même de la bataille de
Leipzig, comme plus tard à Francfort, j'ai eu la satisfaction de rendre à mes concitoyens des services plus grands
qu'on ne le pense.

(2) Ceci a été écrit à Weymar, au mois d'octobre 1813 :
si l'Europe n'a pas été aussi heureusement pacifiée qu'on le
desirait ; si l'attente des gens de bien n'a pas toujours été
remplie, ce n'est pas ma faute : les nations et les gouvernements sont souvent égarés par les passions, entraînés
par la fatalité.

ple; car ce n'est pas la nation française que les Alliés combattent, c'est un seul ennemi de tout le genre humain, dont elle a eu plus à se plaindre qu'aucune autre.

De l'Imprimerie de DEMONVILLE, rue Christine n° 2.